숲으로

호시노 미치오 글·사진
햇살과나무꾼 옮김

논장

아침 바다는 짙은 안개에 싸여
고요히 가라앉아 있습니다.
들리는 것은
카약의 노가 물을 가르는 소리뿐.
희미하게 바람이 붑니다.
하얀 해가 어슴푸레 나타났다가는 사라집니다.
노를 멈추자
카약은 거울 같은 물 위를 잠시 미끄러지다
이윽고 우윳빛 세계 속에서
움직이지 않습니다.
안개가 갈라진 틈새로 주위를 둘러싼 산과 숲이
어른거립니다.
수많은 섬들 사이를 지나
어느새
깊숙한 후미까지 왔습니다.
이곳은 남알래스카에서 캐나다까지 펼쳐진
원시림의 세계입니다.

가만히 있으려니
카약이 움직일 때는 듣지 못했던 소리가
시나브로 들려옵니다.
삐리리리리…… 작은 새의 지저귐 같은
흰머리수리의 울음소리입니다.
하지만 주위 숲을 둘러보아도 모습은 보이지 않습니다.
촤악…… 연어 한마리가
수면에서 30센티미터쯤 튀어 오릅니다.
강물 소리인지 폭포 소리인지
어렴풋한 물소리가 골짜기에서 건너옵니다.
안개는 끊임없이 모습을 바꾸며
숲의 나무들 사이를 생물처럼 이동하고 있습니다.
물 위로 흐르는 안개가
내 얼굴과 몸을 촉촉이 적십니다.
그때 안개 속에서
신비로운 목소리가 들려옵니다.
슈욱, 슈욱, 슈욱…….
나는 뻣뻣이 굳어
점점 가까워지는 그 소리를 기다립니다.
갑자기 안개 속에서
스윽, 거대한 검은 형체가 나타나더니
바닷물을 뿜으며 눈앞을 지나갑니다.
흑고래……
드넓은 바다에 있어야 할 고래가
어째서 이런 곳에 있을까.
이윽고 고래는 꼬리지느러미를 높이 치올리고
안개 속으로 유유히 사라집니다.

다시 카약의 노를 저어 갑니다.
기슭에 가까이 가자
깊은 숲의 나무들이 밀려옵니다.
파락, 퍼럭, 퍼러럭…… 별안간
흰머리수리가 숲에서 날아올라
머리 위로 지나갑니다. 그 숲으로
다가가는 나를, 흰머리수리는
내내 지켜보고 있었나 봅니다.
이윽고 카약이 기슭에 닿자
숲은 덮칠 듯 다가와 있었습니다.
높다란 거목과
사이사이 빽빽이 우거진 나무들이,
내가 숲으로 들어가는 것을
거부하는 듯합니다.
바닷가를 따라 한동안 걷다 보니,
누군가 지나간 듯 풀숲을 가르듯 난 길이
숲으로 그대로 이어져 있음을
알아차렸습니다.
누가 지나갔을까.
이곳은 사람이 사는 곳에서
멀리 떨어진 세계입니다.

거목들을 지나 숲으로 들어서니,
주위가 해 질 녘처럼 어두컴컴해졌습니다.
어둠이 눈에 익자
숲의 모습이 보이기 시작했습니다.
눈길 닿는 모든 나무, 아니 땅도 바위도
쓰러진 나무도 온통 초록 이끼로
뒤덮여 있습니다.
이끼 옷을 입은 듯 갖가지 지의류를
가지 밑으로 늘어뜨린 나무들은
그 모습 그대로 걸어갈 것만 같습니다.

내가 밟고 있는 땅은
얼추 길이 되어 숲으로 이어져 있습니다.
땅에 남겨진 커다란 발자국을 본 순간,
갑자기 가슴이 띕니다.
그렇습니다, 곰이 다니는 길입니다.
당장에라도 숲에서 곰이 걸어 나올 것만
같습니다.

그런 생각을 하며 주위를 조심조심
둘러봅니다.
마음이 진정되자,
조금 용기가 생깁니다.
나는 곰의 길을 따라 숲으로 들어가기로
했습니다.

이 숲은 머나먼 북쪽 땅에 펼쳐진 빙하까지
이어져 있습니다. 먼 옛날 이곳은 두꺼운
얼음으로 뒤덮여 있었습니다. 마지막
빙하기가 끝나 지표가 드러나고 아득히
오랜 세월을 거쳐 숲이 만들어졌습니다.
나무와 이끼, 바위와 쓰러진 나무가
뒤엉켜 서로 도우며, 숲 전체가
하나의 생물처럼 호흡하고 있는 듯합니다.
숲의 나무들이 나를 빤히 지켜보는 것
같습니다. 이따금 으스스한 거목이
나타나곤 합니다. 흡사 두 다리로
버티고 선 듯 뿌리를 내리고, 그 사이에
커다란 구멍이 나 있습니다.
저것은 대체 무엇일까.
주위를 찬찬히 둘러보고
작은 소리에도 귀를 기울이며 걷노라면,
점점 신비한 기분에 빠져듭니다.
어느새 곰이 되어
숲을 바라보는 것 같습니다.
마음이 차분해질수록, 숲은
나에게 친절해지는 듯합니다.
'혹시 곰이 다가오면
가만히 길을 비켜 주기만 하면 돼.'
슬슬 그런 생각도 합니다.

문득 정신을 차리니, 길 한복판에
커다란 검은 덩어리가 떨어져 있습니다.
무얼까 생각하며 다가가 보니,
오래된 곰의 똥입니다.
놀랍게도 똥에서 흰 버섯이 수북이
자라고 있습니다. 어찌나 예쁘던지,
나는 몸을 숙여 곰의 똥에 얼굴을 바싹
들이대고 들여다보았습니다.
언젠가 북극권 툰드라에서 보았던,
오래된 동물 뼈 주위에 핀 꽃들이
떠올랐습니다.
혹독한 자연에서는 아주 적은 양분도
결코 그냥 버려지는 법이 없습니다.

곰의 길은 차츰 갈림길이 많아지더니
어느새 숲속으로 사라져 버릴 듯합니다.
때때로 키 큰 덤불을 헤치며
나아가야 합니다.
그럴 때 쓰러진 통나무는 숲에 걸린
다리처럼 걷기 수월한 길이 됩니다.

쓰러진 통나무 길 곳곳에는
아메리카붉은다람쥐가 먹고 버린
가문비나무 열매 껍질이 쌓여 있습니다.
동물들도 자연이 내어 준 이 길을
이용하고 있는 것입니다.
이번에는 숲의 다람쥐가 된 기분으로
쓰러진 통나무 위를
걸었습니다.

물소리가 들려옵니다.
별안간 눈앞이 탁 트이고 숲속을 흐르는
강이 나타납니다. 강가에서 보니,
강바닥의 바위 때문인지,
물빛이 거무스름하게 보입니다.
물을 마시려고 수면에 얼굴을 가까이
댔다가 깜짝 놀랐습니다. 바위인 줄
알았는데, 알을 낳기 위해 강을
거슬러 오른 엄청난 연어 떼였습니다.
나는 맨발로 강에 들어갔습니다.
물속에 가만가만 손을 넣어 간신히 연어
한 마리를 움켜쥡니다. 아, 엄청나게
힘이 셉니다. 세차게 몸을 휘더니,
용수철이 튀어 오르듯 내 손아귀에서
빠져나갑니다. 나는 그 재미에 푹 빠져
물을 흠뻑 뒤집어쓰며 몇 번이고
되풀이했습니다.

문득 고개를 드니, 맞은편 강가 바위 위에서
흑곰 가족이 나를 빤히 보고 있습니다.
나는 허둥지둥 기슭으로 뛰어 올라갔습니다.
세상에, 이게 어찌 된 일일까요.
언제부터였는지, 강 위쪽에도 아래쪽에도
곳곳에 곰들이 있습니다.
지금 이 숲의 강은 연어를 먹으러 오는
곰의 차지입니다. 올려다보니, 새끼 곰이
나무 위에서 자고 있습니다. 어째서
지금까지 깨닫지 못했을까.

이미 일생을 마친 연어가 수없이
떠내려오고 있습니다.
"연어가 숲을 만든다."
알래스카 숲에 사는 인디언의
오랜 속담입니다. 알을 낳은 뒤 죽은
수많은 연어가 강 하류로 흘러내려 가면서
숲의 자연에 양분을 주기 때문입니다.
나는 조용히 강을 떠나
다시 숲으로 들어갔습니다.

신비한 광경을 만났습니다. 땅에 쓰러진
오래된 통나무 위로 거목들이 한 줄로 나란히
자라고 있었습니다. 거기에는 아마도
이런 이야기가 있겠지요.
옛날 가문비나무 한 그루가 늙어서 쓰러졌습니다.
그 나무는 죽었지만 수많은 양분을 간직하고
있었습니다. 오랜 세월이 흐르는 사이에, 운 좋게
가문비나무 씨앗들이 그 나무줄기 위에
떨어졌습니다. 그곳에 뿌리를 내린 씨앗들은
쓰러진 나무에서 양분을 얻으며 긴 시간을 거쳐
서서히 거목으로 자랐습니다. 그러니 늙어 죽어
쓰러진 나무가 새 나무들을 키워 낸 것이지요.
그제야 이해할 수 있었습니다. 숲에서 때때로
보았던, 두 다리로 선 듯 특이하게 뿌리를 내린
이상한 나무. 그 뿌리 사이에 뚫린 구멍…….
그것은 양분을 다 주고 사라진 나무의
흔적이었습니다.
내 눈앞에 쓰러진 통나무는 수많은 거목들의
뿌리에 얽혀, 아직도 양분을 주고 있는
듯합니다. 언젠가 흔적 없이 사라지겠지요.
나는 이끼로 뒤덮인 쓰러진 통나무에 앉아
살며시 줄기를 어루만져 보았습니다.
어느덧 숲을 두려워하는 마음은 사라졌습니다.
가만히 바라보고 귀를 기울이면, 숲은
온갖 이야기를 들려주는 것 같습니다.
내 눈에는 보이지 않지만,
숲은 살아 움직이고 있습니다.

한숨을 돌리며 멀리 있는 나무들을
둘러보고 있자니
빽빽이 우거진 가지에 가려진
희한한 나무 하나가
눈에 들어옵니다. 아니, 그것은
자연의 나무가 아닙니다. 무언가 무늬가
새겨져 있습니다. 나는 다시 가슴이 뛰기
시작합니다.
풀을 헤치고 다가가 보니,
그것은 오래되어 썩어 가는 먼 옛날의
토템 기둥이었습니다. 숲을 지켜 주려는 듯
기둥에 흰머리수리가 새겨져 있습니다.
이끼가 끼고 풀이 자란 토템 기둥은
세월을 견디고 있는 듯했습니다.

나무들을 헤치고 조금 더 들어갔다가, 눈앞에
펼쳐진 광경에 우뚝 멈춰 서고 말았습니다.
수많은 토템 기둥이 있었습니다.
비스듬히 선 토템,
바닥에 쓰러진 토템이 줄지어 있습니다.
인디언 마을의 흔적입니다. 집들은 숲속으로
사라지고 토템 기둥만 간신히 남아 있습니다.
이 숲에는 하이더족이라는 인디언들이
살고 있었습니다. 토템 기둥을 만든 이들이지요.
조상에 관한 전설과 갖가지 생물을
커다란 나무에 새기고, 신화의 세계를 살던
시대의 이야기입니다. 그 무렵은,
사람들 마음속에 인간과 동물이
큰 차이가 없었습니다. 차이는커녕
집집의 조상이 동물이었다고 믿었습니다.
곰, 고래, 흰머리수리, 큰까마귀, 늑대……
그 모습을 토템 기둥에 새기고 신으로
모셨습니다. 모든 생명에 영혼이 있으며,
모두 함께 세상을 이루고 있다고,
사람들은 믿었습니다.
100년 전, 이 숲의 인디언들은 머나먼 땅으로
옮겨 갔습니다. 그들은 지금도 자연 속에
살고 있지만 생활은 크게 달라졌습니다.
이제 더는 토템 기둥도 만들지 않지요.
나는 시간 여행자가 되어
갑자기 낯선 세계에 떨어진 듯
토템 기둥 사이를 헤매 다녔습니다.

두 발로 인간의 아이를 안고 있는 곰,
고래의 지느러미에서 얼굴을 내민 개구리,
마을을 지키는 신인 양 꼭대기에 새겨 놓은
흰머리수리······
그것이 무엇을 말하는지
지금은 알 길이 없습니다. 하지만 거기에
새겨진 생물들은 머지않아 사라지려 함에도
신비로운 힘을 지니고 있었습니다.
언젠가 책에서 읽은, 어느 마을의 토템 기둥
이야기가 떠올랐습니다.
옛날 옛적, 고요한 바다 위에 커다란 산 같은
고래가 떠올라, 커다란 입을 벌리고
맑은 하늘의 공기를 한껏 빨아들였습니다.
그때 퍼덕퍼덕 하늘을 날던 큰까마귀가
불현듯 고래의 커다란 입속으로 날아
들어갔습니다. 고래는 고통으로 눈까지 멀어
몸부림치며 바다를 떠돌다 끝내 해변으로
올라가 죽고 말았습니다. 큰까마귀는
태평스레 고래 배 속에서 요란하게 노래를
부르고 있었고요. 마침 그곳을 지나던
마을 사람이 죽은 고래 배 속에서 들리는
노랫소리에 놀라, 마을 사람들을 데려와
고래 배를 갈랐습니다. 배 속에서 큰까마귀가
나오자 마을 사람들은 깜짝 놀라며
까마귀에게 촌장이 되어 달라고 부탁했고,
큰까마귀는 사람이 되어 그 마을을
다스렸다고 합니다.

토템 기둥 근처의 풀숲에
갓 태어난 새끼 흰꼬리사슴이
웅크리고 있었습니다.
눈을 가늘게 뜨고
나직이 숨을 쉬고 있습니다.

멀찍이 떨어져 보고 있자니,
숲에서 어미 흰꼬리사슴이 나왔습니다.
토템 기둥들 사이로 돌아다니며
느긋이 풀을 뜯고 있습니다. 그것은,
인간이 사라지고 자연이 조금씩
그 장소를 되찾아 가는 풍경이었습니다.
언젠가 새로운 나무들이 우거져
토템 기둥도 숲속으로 사라지겠지요.

숲을 빠져나와, 다시 카약을 타고 바다로 나가니
밝은 해에 눈이 시립니다.
중간에 몇 번, 다시 고래와 만났습니다.
나는 아득한 옛날의 인디언이 된 기분으로
고래의 모습을 지켜봅니다.

호시노 미치오(1952~1996) 세계적인 야생 사진작가. 1952년 일본 지바현에서 태어났다. 10대 후반에 알래스카 시슈마레프 마을을 다녀온 뒤 알래스카를 찍는 사진작가가 되기로 마음먹고는, 게이오기주쿠 대학 경영학부를 졸업하고 알래스카 대학 야생 동물 관리학부로 유학을 떠났다. 그 뒤로 평생 알래스카의 자연과 사람과 동물을 꾸준히 사진에 담아 왔다. 맑은 감성과 담백한 글이 곁들여진 그의 사진은 세계 각국에서 높은 평가를 받았으며, 일본과 미국 여러 곳에서 사진전을 열었다. 1996년 취재차 방문한 캄차카반도 쿠릴 호수에서 불곰의 습격을 받아 세상을 떠났다. 《호시노 미치오의 알래스카 이야기》,《알래스카, 바람 같은 이야기》,《여행하는 나무》,《숲으로》,《곰아》,《그리즐리》,《무스》 같은 책을 출판했고, 아니마상, 기무라이헤이 사진상 등을 받았다.

햇살과나무꾼 동화를 사랑하는 사람들이 모여 만든 어린이책 전문 기획실로, 세계 곳곳에 묻혀 있는 좋은 작품들을 찾아 소개하고, 어린이의 정신에 지식의 씨앗을 뿌리는 책을 집필한다. 《쇠막대가 머리를 뚫고 간 사나이》,《시튼 동물기》,《멋진 여우 씨》 등을 우리말로 옮겼으며, 《놀라운 생태계, 거꾸로 살아가는 동물들》,《신기한 동물에게 배우는 생태계》,《마법의 두루마리》 시리즈 등을 썼다.

지식은 내 친구 016
숲으로
2018년 4월 30일 초판 1쇄 펴냄
지은이 호시노 미치오 | 옮긴이 햇살과나무꾼 | 펴낸이 박강희 | 펴낸곳 도서출판 논장
등록 제10-172호·1987년 12월 18일 | 주소 10881 경기도 파주시 회동길 329 | 전화 031-955-9163 | 팩스 031-955-9167
제조국명 대한민국 | 사용연령 8세 이상 | ISBN 978-89-8414-317-3 73830

OLD GROWTH FOREST 《森へ》
Text & Photographs © Naoko Hoshino 1993
Originally published by Fukuinkan Shoten Publishers, Inc., Tokyo, Japan, in 1993 under the title MORIE
Korean translation rights arranged with Fukuinkan Shoten Publishers, Inc., Tokyo through Eric Yang Agency co., Seoul.
Korean translation rights© 2018 by Nonjang Publishing Co.

이 책의 한국어판 저작원은 에릭양에이전시를 통해 저작권자와 독점 계약한 논장출판사에 있습니다.
저작권법에 의해 한국 내에서 보호를 받는 저작물이므로 무단 전재와 무단 복제를 금합니다.

• 잘못 만들어진 책은 구입하신 서점에서 바꾸어 드립니다.   • 책값은 뒤표지에 있습니다.

이 도서의 국립중앙도서관 출판예정도서목록(CIP)은 서지정보튜통지원시스템 홈페이지(http://seoji.nl.go.kr)와
국가자료공동목록시스템(http://www.nl.go.kr/kolisnet)에서 이용하실 수 있습니다.(CIP제어번호: CIP2018009757)